Auto

DISCIPLINA

Hábitos Diários Para A Auto-disciplina Do Mais Bem Sucedido E Influente Líder

(Como Guiar-se Para Aumentar a Autodisciplina e Motivação com Confiança)

Cyril Bell

Traduzido por Daniel Heath

Cyril Bell

Auto-Disciplina: Hábitos Diários Para A Auto-disciplina Do Mais Bem Sucedido E Influente Líder (Como Guiar-se Para Aumentar a Autodisciplina e Motivação com Confiança)

ISBN

Termos e Condições

todos os direitos autorais não detidos pelo editor.

Aviso Legal:

Este livro é protegido por direitos autorais. Ele é designado exclusivamente para uso pessoal. Você não pode alterar, distribuir, vender, usar, citar ou parafrasear qualquer parte ou o conteúdo deste ebook sem o consentimento do autor ou proprietário dos direitos autorais. Ações legais poderão ser tomadas caso isso seja violado.

Termos de Responsabilidade:

Observe também que as informações contidas neste documento são apenas para fins educacionais e de entretenimento. Todo esforço foi feito para fornecer informações completas precisas, atualizadas e confiáveis. Nenhuma garantia de qualquer tipo é expressa ou mesmo implícita. Os leitores reconhecem que o autor não está envolvido na prestação de aconselhamento jurídico, financeiro, médico ou profissional.

Ao ler este documento, o leitor concorda que sob nenhuma circunstância somos responsáveis por quaisquer perdas, diretas ou indiretas, que venham a ocorrer como resultado do uso de informações contidas neste documento, incluindo, mas não limitado a, erros, omissões, ou imprecisões.

Índice

Parte 1 1

Introdução 2

Capítulo Um 5

Autodisciplina 5

OS BENEFÍCIOS E A IMPORTÂNCIA DA AUTODISCIPLINA 7

Capítulo Dois 9

Força De Vontade E Autodisciplina 9

EXERCÍCIOS FÁCEIS E POTENTES 12

Capítulo Três 14

Dobrando A Produtividade E Derrotando A Procrastinação
.... 14

LOGRE A SI MESMO PARA A PRODUTIVIDADE 18
Comece Com As Tarefas Mais Debilmente Favoráveis 20

Capítulo Quatro 24

Estabelecer, Alcançar E Manter Metas De Longo Prazo 24

VANTAGENS EM ESTABELECER METAS DE LONGO PRAZO 25
COMO ESTABELECER METAS DE LONGO PRAZO 28

Capítulo Cinco 33

Elimine A Distração 33

ERRADIQUE AS DISTRAÇÕES PARA APRIMORAR O DESEMPENHO E O
FOCO 33
8 IDEIAS CONVINCENTES PARA REMOVER AS PERTURBAÇÕES 34

Capítulo Seis 40

Mudando De Hábitos E Abordando A Vida 40

Você É Os Seus Hábitos 40

Pensamentos Finais 45

Parte 2 47

Introdução 48

Capítulo 1: Tenha Metas Claras 50

Capítulo 2: Crie Uma Mentalidade Positiva 54

Capítulo 3: Organize Seu Ambiente 59

Capítulo 4: Estabeleça Uma Rotina 64

Capítulo 5: Desenvolva Hábitos Positivos 69

Capítulo 6: Fique Motivado 74

Capítulo 7: Aceite Falhas 79

Conclusão 83

Parte 1

Introdução

Autodisciplina significa autocontrole, autodomínio e a habilidade de comer "o jantar antes da sobremesa".

Isso não significa que você não tenha experiências prazeirosas na vida, mas significa que você as tenha depois de ter cumprido com o trabalho duro e necessário e completado suas tarefas chave.

A paga por praticar a autodisciplina é imediata. Quando quer que você se disciplina, e se obriga a fazer a coisa certa, querendo ou não, vai se gostar e se respeitar mais. Sua autoestima incrementa-se. Sua autoimagem aprimora-se. Seu cérebro libera endorfinas que lhe fazem feliz e orgulhoso. Você realmente recebe sua paga cada vez que se põe no fogo.

Há muitas coisas na vida que você não gosta de fazer, como prospectar, vender e construir seu próprio negócio à noite ou nos fins de semana, mas você as faz mesmo assim de forma que mais tarde possa fazer as coisas que realmente gosta.

Autodisciplina é uma das habilidades mais importantes e úteis que todo mundo devia ter. Esta habilidade é essencial para todas as áreas da vida e, mesmo que a maioria das pessoas esteja ciente de sua importância, muito poucos fazem algo para fortalece-la.

Ao contrário do senso comum, autodisciplina não significa ser duro consigo mesmo, ou viver um estilo de vida limitado e restritivo. Autodisciplina significa autocontrole, que é um sinal de força interior e controle de si mesmo, suas ações e reações.

Este livro vai te ajudar a dominar os numerosos benefícios da autodisciplina como:

Superar preguiça e procrastinação;

Continuação de um projeto, mesmo depois que a agitação do entusiasmo inicial tenha esmaecido;

Evitar agir na imprudência ou por impulso;

e também vai facilitar para você:

Fortalecer sua autodisciplina se puder entender a importância dela na sua vida;

Conscientizar-se de seu comportamento indisciplinado e suas consequências;
Fazer o esforço para agir e comportar-se de acordo com as decisões que você toma, independente da preguiça e da tendência a procrastinar.

CAPÍTULO UM
AUTODISCIPLINA

Autodisciplina é uma das habilidades mais importantes e úteis que todo mundo devia ter. Esta habilidade é essencial para todas as áreas da vida e, mesmo que a maioria das pessoas esteja ciente de sua importância, muito poucos fazem algo para fortalece-la.

A autodisciplina lhe dá o poder para manter suas decisões e perpetra-las, sem mudar de ideia, e é, portanto, um dos importantes requisitos para alcançar seus objetivos.

A posse desta habilidade lhe capacita a perseverar nas suas decisões e planos até que os cumpra. Ela também se manifesta como força interior, lhe ajudando a superar vícios, procrastinação, preguiça e avançar com o que quer que faça.

Uma das principais características desta habilidade é a capacidade de rejeitar a gratificação e o prazer imediatos em favor de um ganho maior que requer o dispêndio de mais esforço e tempo.

Autodisciplina é um dos mais importantes ingredientes do sucesso. Ela expressa-se de várias maneiras:

Perseverança.

A habilidade de não desistir, apesar dos fracassos e contratempos.

Autocontrole.

A habilidade de resistir às distrações e tentações.

Tentar de novo, até realizar o que tinha se comprometido a fazer.

A vida põe desafios e problemas na trajetória para o sucesso e realização e, visando superá-los, você deve agir com perseverança e persistência e isso, é claro, requer autodisciplina.

A posse desta habilidade leva à autoconfiança, autoestima e, consequentemente, à felicidade e satisfação.

Por outro lado, a falta de autodisciplina leva ao fracasso, à derrota, problemas de saúde e de relacionamento e outros.

Esta habilidade também é útil para superar desordens alimentares, vícios, fumo, bebida e hábitos negativos. Você precisa dela para se obrigar a sentar e estudar, a se exercitar, desenvolver novas habilidades e para seu auto aprimoramento, meditação e crescimento espiritual.

Como dito anteriormente, a maioria das pessoas reconhecem a importância e os benefícios da autodisciplina, mas muito poucos dão os passos para desenvolver e fortalece-la. Todavia, você pode fortalecer esta habilidade como qualquer outra habilidade.

OS BENEFÍCIOS E A IMPORTÂNCIA DA AUTODISCIPLINA

A autodisciplina lhe ajuda a:

Prevenir atos imprudentes e impulsivos.

Continuar a trabalhar em uma tarefa, mesmo depois que a primeira onda de entusiasmo tenha esmaecido.

Comparecer na academia, natação ou caminhada, mesmo que seu cérebro lhe diga para ficar em casa assistindo TV.

Continuar trabalhando no seu plano de dieta e resistir à tentação de ingerir alimentos engordativos.

Vencer o hábito de assistir muita TV.

Começar a estudar um livro e ler até a última página.

Meditar frequentemente.

Será mais fácil fortalecer sua autodisciplina para aqueles que:

Sabem o significado que ela tem para a sua vida.

Se tornam conscientes de seu comportamento indisciplinado e seus efeitos. Se esta percepção aumenta, você terá mais confiança na necessidade de dar uma guinada na vida.

Tentam agir e agir de acordo com as escolhas que você faz, a despeito da preguiça, a inclinação a procrastinar, ou o ímpeto de desistir e parar o que estiver fazendo.

Você terá habilidade de fortalecer sua autodisciplina, mesmo que ela seja atualmente fraca, com a ajuda de exercícios diretos especiais que você pode praticar a qualquer hora em qualquer lugar.

CAPÍTULO DOIS
FORÇA DE VONTADE E AUTODISCIPLINA

Força de vontade e autodisciplina são os protagonistas na vida de todo mundo, resultando no sucesso, se você os tem, ou na ruína, se não as tem.

Ambas essas habilidades são ingredientes críticos para lidar eficientemente com qualquer tarefa e para atingir qualquer objetivo.

Vamos primeiro definir estas habilidades:

- A capacidade de reprimir ou controlar impulsos desnecessários e prejudiciais.

- A capacidade de chegar a uma decisão e perpetra-la com perseverança até que ela seja um sucesso.

- É a força interior que permite que você se recuse a sucumbir aos costumes inúteis.

- É a força interior que lhe permite conquistar a resistência externa e interna e as barreiras.

- É a companheira da força de vontade.

- É o poder de resistir a provações e problemas físicos, psicológicos e emocionais.

- É a capacidade de rejeitar a gratificação instantânea, prazer ou relaxamento, ter habilidade para incrementar algo mais grandioso, mesmo que tome tempo e esforço para conseguir.

Uma vez que sua força de vontade e autodisciplina forem poderosas, é você quem decide sobre as suas reações e também decide sobre seus hábitos negativos. Essas habilidades fazem você se sentir mais forte, confiante e no controle de si mesmo e da sua própria vida.

Você pode ocasionalmente, acreditar que lhe falta a força interior para fazer isso, comportar-se assertivamente e perseverar?

Há hábitos que você gostaria de modificar, mas carece do poder interior necessário para conseguir?

Com que frequência você já decidiu sair para uma caminhada, sabendo quão ótimo ia sentir-se depois, mas por causa da preguiça e falta de poder interior, em vez disso, permaneceu em casa assistindo TV?

Você começa a fazer as coisas, mas parar depois de um breve período?

É possível alterar este comportamente quando você reafirma sua autodisciplina e força de vontade.

Há este conceito errôneo no senso comum no que concerne as duas habilidades a que nos referimos aqui. Acredita-se erroneamente que o desenvolvimento delas exige muito esforço e energia física e psicológica. Isso não está certo. Você pode construir estas habilidades através de exercícios fáceis e também divertir-se com o processo.

Um método fácil e eficiente de fortalecer estas habilidades seria fazer as coisas, as que você preferiria evitar de fazer como resultado da preguiça, procrastinação, falta de assertividade, timidez, ou outros fatores. Faça as coisas que você não está disposto a fazer. Coisas que você precisa com frequência são coisas que você nunca está disposto a fazer.

Fazendo estas atividades, as que não estão de acordo com o que você sente, você se torna mais poderoso.

Assim como os músculos se tornam mais fortes por resistir o peso dos halteres, estas habilidades se fortalecem por derrotar a resistência interna.

EXERCÍCIOS FÁCEIS E POTENTES

Você está sentado em um trem ou ônibus, uma pessoa mais velha ou mesmo uma mulher grávida entra. Levante-se e dê seu lugar, mesmo que você prefira permanecer sentado. Faça isso, não apenas porque é um ato de polidez, mas também porque estaria fazendo algo a que esteja relutante. Este pode ser um exercício para superar a resistência do corpo, dos sentimentos e da mente.

Há louça na pia e então você posterga a lavagem para mais tarde. Levante e limpe-a hoje porque você sabe que no futuro vai se odiar por não ter feito isso. Não deixe a preguiça lhe conter. Quando você se dá conta que desta maneira, está realmente se fortalecendo, torna-se mais fácil tomar atitudes de pronto, a despeito da preguiça e do ímpeto de procrastinar.

Você chegou do trabalho em casa e senta de frente para a TV já que está se sentindo muito preguiçoso e cansado para tomar um banho antes. Não sucumba ao ímpeto. Conta 3-2-1 e tome seu banho imediatamente. Tente fazer da regra dos três segundos um hábito e você vai achar muito mais fácil não postergar as coisas.

Você gosta de café com açúcar? Se sim, então tente passar uma semana inteira bebendo café sem açúcar. Você consome três xícaras todo dia? Se consome, então tome apenas duas xícaras por dia por uma semana inteira.

Se você tem a opção de subir de elevador ou de escada, escolha subir de escada. Se não for para o 100º pavimento, você vai ficar bem.

CAPÍTULO TRÊS
DOBRANDO A PRODUTIVIDADE E DERROTANDO A PROCRASTINAÇÃO

RichDevos, fundador da Amway, certa vez disse que:

"Há muitas coisas na vida que você não gosta de fazer,

como prospectar, vender e construir seu negócio à noite ou nos fins de semana,

mas você as faz mesmo assim de forma que mais tarde

possa fazer as coisas que realmente gosta."

Procrastinação é um dreno da auto-afirmação. Quando alguém procrastina, é por que preferiria não administrar ou embater algo de que tem medo. Até onde posso dizer sobre procrastinação, minha mente busca expandir as razões para não realizar algo e eu confio nela. Todavia, depois do longo percurso, começo a sentir-me frágil e menos apto a fazer o que me comprometi a fazer. Meu medo se torna maior e acabo ficando mais apavorado quanto a tomar uma ação. De um jeito ou de outro, o que eu inicialmente precisava fazer acaba sendo amplamente mais alarmante do que era quando eu me comprometi a fazer.

A procrastinação nunca lhe deixa. Entretanto, você pode modificar a maneira que a administra. Todo mundo é distinto e confiante sobre sua própria situação, alguns podem procrastinar por sete dias, um mês ou mesmo um ano inteiro. Quando você utiliza um instrumento viável para escapar da procrastinação, a quantidade de tempo que dispende procrastinando diminui. Você percebe como pegar a si mesmo no pulo.

O que eu tenho observado como um bom instrumento para vencer a procrastinação é tomar ação imediatamente. O quanto mais rápido eu me distrincho pelas áreas que eu temia, mais fácil é para realizar e fazer mais. Eu, da mesma forma, atendo um pedido do meu cliente antes de nossa próxima ligação. Assim eles não têm um tempo excessivo para ponderar. Você pode pensar, "bom, imagine um cenário em que eu precise realizar algo que tome muito mais do que uma etapa". Por exemplo, você pode estar precisando voltar a estudar. Comece com uma etapa, por exemplo, procurar por diferentes escolas e obter algumas inscrições. Talvez você precise iniciar seu próprio negócio, investigue organizações existentes similares e converse com autônomos. Estas atividades vão lhe tirar da sua procrastinação e criar uma abertura para você buscar seu objetivo.

Um dia desses eu estava me sintonizando com uma pessoa que disse: "ao se deparar com algo que teme, para a maioria, assim que você toma ação, aquilo não é mais tão alarmante e os impedimentos que estavam no caminho antes desaparecem". Boa parte do que causa a procrastinação é a sua mente e o que ela lhe diz e que, provavelmente, você não se dá conta. A não ser que você se concentre na vanguarda dos seus pensamentos e identifique como abandonar as considerações debilitantes, será um escravo delas, andando por aí inconsciente e sem ter muito controle sobre sua vida.

Você pode estar pensando consigo que é mais fácil dizer do que fazer. É bem simples uma vez que você comece. É o que eu faço na minha vida particular e na didática para os outros. Quando quero realizar algo que me apavora, minha mente começa a sabotar. Eu simplesmente reconheço o medo e reconheço que tenho que tomar ação imediatamente. Senão vou acabar sendo uma vítima de um padrão de pensamento desamparador.

Eis um caso da minha vida: eu me sentia amedrontado e resistente a manter contato com clientes em potencial. Temia que eles ficariam bravos comigo por estar ligando para eles eu soaria confuso e me atrapalharia com as palavras. Eu adiava o contato por muito tempo e ficava mais difícil para mim chegar ao telefone uma vez que eu projetava um grande número de situações assustadoras que poderiam acontecer. Comecei a ligar para eles imediatamente depois de os encontrar, antes que o meu cérebro tivesse energia suficiente para me convencer a não fazer isso. Dependendo eu dizia para mim mesmo antes da ligação "qual a pior coisa que pode acontecer? Eles podem dizer não, não responder ou me dar o retorno". "Posso lidar com isso". Depois de fazer as ligações, eu ficava tão feliz. No presente eu tenho quase zero de medo de ligar para os prospectos desde que utilizo estes instrumentos.

Quando eu abordo uma garota, sei que nada significativamente negativo vai acontecer. Eu não sei como ela vai me perceber, isso está fora do meu controle. Todavia, o que eu posso controlar é se eu vou abordá-la ou não e como eu vou reagir ao que ela me apresentar.

Vencer a procrastinação e construir a sua auto-afirmação é uma mistura de dar uma chance à sua mentalidade e tomar ação. Lidar com ambas essas coisas é a abordagem mais intensa e poderosa para os resultados emocionais.

logre A SI MESMO para a produtividade

"Se eu devia começar a escrever agora quando não estou descansado, isso poderia prejudicar minha reflexão, o que não seria nada bom. Vou começar revigorado amanhã, e tem prazo até quarta-feira, então terei toda a terça, a não ser que algo aconteça. Por que isso sempre acontece, eu devia estar lá fora jogando, respirando ar puro e tomando sol, eu trabalho melhor sob pressão e haverá muita pressão se eu esperar até amanhã. Eu deveria começar a escrever agora. Todavia, se eu começar agora quando não estou descansado, isso poderia prejudicar minha reflexão, o que não seria nada bom."

Esta citação se origina do melódico drama cômico "Você é um bom homem, Charlie Brown". O personagem principal está travando uma guerra contra si mesmo enquanto tenta iniciar uma resenha literária.

Você reconhece este diálogo interno?

Este é um excelente caso de monólogo que é bem parecido com a nossa experiência em justificar nossa decisão de protelar qualquer coisa que tenhamos que fazer hoje. "Procrastinação é aquela ação de terminar tarefas menos urgentes com prioridade sobre as ainda mais urgentes ou alcançar algo mais satisfatório em detrimento das coisas menos satisfatórias e de maneira tal a postergar a abordagem das tarefas para um momento subsequente. "

A boa notícia é que você pode se superar para a produtividade aplicando poucas regras simples:

Comece com as tarefas mais debilmente favoráveis

Submeta-se às tarefas mais difíceis bem no começo do seu dia, verdadeiramente com toda a intensidade que você conseguir reunir, já que neste período você tem o máximo da sua energia. Efetivamente tomar conta da sua tarefa de maior exigência vai lhe dar um estímulo extra para ir adiante com a eficiência multiplicada para o tanto que sobrar do seu dia.

1. Divida sua carga de trabalho em pequenos pedaços

So o trabalho designado lhe deixa sobrecarregado ou deprimido, tente dividí-lo em pedaços menores. Tenha em mente que você não precisa comer o bolo todo de uma vez! Ao invés de ser desmotivado por algo que seja inconcebível, tente concentrar-se no que for alcançável. Se não há nada que possa ser feito quanto ao seu volume de trabalho, você deve empenhar algum tempo adaptando a natureza da sua tarefa quanto aos seus requisitos. Lembre que priorizar suas tarefas é a chave para alcançar o sucesso!

2. Escolha uma testemunha

É razoavelmente impossível que você vá desapontar alguém com quem tenha se comprometido. Você vai andar o quilômetro extra para privar-se do seu conforto e para se afastar da vergonha proveniente da inabilidade de cumprir prazos.

3. Elimine as tentações em potencial

Você não é o único a se ocupar com um email de crítica, a muito mais essencial atualização do Facebook, a publicação de uma notícia incrivelmente significante no Twitter ou a chance única de obter aquele casaco deslumbrante no eBay. Felizmente, há aplicativos acessíveis na rede, como um bloqueador de páginas, que podem te ajudar a escapar desta armadilha computadorizada – o que o olho não vê, o coração não lamenta! Não projete nesta instrução outra desculpa para navegar na rede, mas para encontrar a ferramenta mais eficiente.

Transpor a procrastinação implica ser direto consigo mesmo, reconhecer em que ponto você tem ralentado. Tenha em mente que a procrastinação não é uma coisa boa para você e lhe deixa se sentindo enfraquecido e você precisa construir seu destemor. Perceba que tomar ações rápidas no sentido das coisas que você teme é uma das abordagens ideais para prevenir a procrastinação. Escolha uma área da sua vida em que tenha estado procrastinando e foque em efetuar três etapas de sua ação durante a próxima semana. Conte para pelo menos uma pessoa da sua vida sobre os três passos que você se comprometeu a dar. Solicite que essa pessoa lhe considere responsável para que ela possa lhe dar acompanhamento e apoio.

CAPÍTULO QUATRO
ESTABELECER, ALCANÇAR E MANTER
METAS DE LONGO PRAZO

METAS DE LONGO PRAZO: Como você pode desenvolver e alcançar seus objetivos de longo prazo.

Metas de longo prazo podem ser muito mais essenciais para nosso senso de regozijo e bem-estar em comparação ao que numerosas pessoas chegam a acreditar. Elas até formam nossa perspectiva com relação aos objetos, pessoas e situações ao nosso redor.

Na atual pesquisa da área da psicologia conduzida pela Instituição de Serviço de Alberta, cientistas fizeram uma inferência fascinante- desde que a gente estabelece um objetivo de longo prazo, nosso subconsciente nunca irá removê-lo. Independente do que façamos, onde vivamos, ou nossa idade, nossa mente continuará a buscar meios de alcançar nossos objetivos de longo prazo proativamente.

Uma vez propelido, este aparelho não pode ser interrompido. Nem por várias derrotas. Nem pela situação social negativa. Nem pela sua decisão deliberada de parar de tentar.

A grande notícia é que você foi designado para o sucesso. A parte não-tão-boa: Você precisará desempenhar a tarefa para realiza-lo, mas isso não é nem vagamente o motivo para se prevenir.

Ter (bem como alcançar) objetivos de longo prazo implica uma miríade de incentivos para a vida toda.

vantagens em estabelecer metas de longo prazo

1. Metas de Longo Prazo Proporcionam Norteio

Como colocou Yogi Berra, "se você não tem certexa para onde está indo, vai acabar em outro lugar". Ter detalhes e metas de longo prazo claras auxilia a nos manter orientados às melhores instruções- - a algum lugar onde queiramos chegar, não apenas algum lugar onde as circunstâncias possam nos levar.

2. Sensação de Melhor Propósito

Os objetivos de longo prazo dão sentido para completar tarefas que de outra forma seriam mundanas. Temos algo que nos descarregue, algo que tem potencial para estimular nossa vida profissional, pessoal e espiritual.

3. Muito melhor compreensão dos obstáculos possíveis

Ter uma instrução explícita na vida permite nos prepararmos muito melhor para a jornada, estarmos prontos para e prevenir possíveis obstáculos, edificar habilidades que são essenciais para o sucesso e também obter assistência de indivíduos que podem fazer a nossa viagem mais fácil, assim como mais prazeiroza.

4. Efeito Positivo a Longo Prazo

Enquanto os objetivos de curto prazo nos ajudam a produzir energia, o resultado de completar uma meta de curto prazo é breve. A satisfação que ela produz é muito minúscula. Os objetivos de longo prazo podem ser mais difíceis de conquistar, porém sua influência é muito mais visível, assim como ela perdura no tempo.

5. Visão Expandida

Ter objetivos de longo prazo nos permite ver além do trabalho de hoje e manter a motivação alta, especificamente quando temos que encarar trabalhos diários cansativos, porém essenciais.

Exatamente o que são Objetivos de Longo Prazo?

Enquanto os objetivos para a vida toda podem diferir significantemente de uma pessoa para a outra, há ainda qualidades similares das quais temos que lembrar antes de nos engajar em uma quantidade enorme de atividades para conquista-los:

Objetivos de longo prazo não podem ser alcançados da noite para o dia. Objetivos como estes tomam tempo.

Objetivos de longo prazo são muito mais sólidos do que desejos ou sonhos. Há uma grande diferença entre afirmar "um dia eu serei um doutor de sucesso" e "em 2019 vou obter meu mestrado em cirurgia neurológica na universidade de Berkley". A primeira afirmação é um desejo que não tem absolutamente nada a ver com a verdade. A segunda afirmação é uma meta de longo prazo que integra o desejo de tornar-se oficialmente um cirurgião bem como a intenção de chegar lá da melhor maneira possível. Quando estabelecer objetivos de longo prazo, garanta que sejam inteligentes—específicos, quantificáveis, alcançáveis, razoáveis e tempestivos.

Metas de longo prazo podem ser estabelecidas para qualquer ponto da vida. Caso você esteja almejando livrar-se de uma obrigação financeira, mudar de carreira, começar uma família ou aderir uma dieta padrão, você transformar seu desejo em um objetivo de longo prazo e aqui seguir veremos exatamente como.

COMO ESTABELECER METAS DE LONGO PRAZO

1. Crie uma visão engajadora

Tire um minuto para visualizar exatamente o que você deseja que apareça daqui a cinco anos.

Onde você deseja morar?

Que tipo de trabalho você quer exercer?

Exatamente como vai passar seu tempo livre?

Em que deseja investir?

Veja exatamente o que o seu instinto está lhe dizendo—é algo que VOCÊ deseja ou é algo que que seria certamente bom ter? Quais poderiam ser as possíveis desvantagens de viver a sua vida de tal forma?

Se você visualizou ser o chefe de um departamento de propaganda de uma empresa multinacional enorme, um dos pontos negativos desta função pode ser a falta de tempo livre. Outro seria a importância de lidar com conflitos interpessoais dentro da sua equipe.

Pergunte a si mesmo: você está de alguma forma comprometido a trabalhar duro e fazer sacrifícios para chegar onde deseja? Você reconhece que vai estar no melhor caminho quando concordar em aprovar não apenas o componente "engajador" da sua meta, porém também as obrigações que ela inclua.

2. Determine uma meta de longo prazo

Tipicamente há vários pontos da sua vida que você gostaria de aprimorar. Para estarmos satisfeitos com nossas vidas é insuficiente ter uma carreira de destaque, ter um relacionamento amoroso adequado ou ter um belo corpo, bem como estar bem de saúde. Temos que encontrar o equilíbrio entre nossa especialidade, a vida pessoal e espiritual.

Não obstante, a questão é que alternar entre várias metas de longo prazo é uma maneira garantida de deixar todas elas a meio caminho. Quanto mais escolhas temos, menos propensos estamos a realizar qualquer delas. Este é o paradoxo da escolha. Esta é uma das razões por que os profissionais da auto-ajuda recomendam que a gente escolha apenas uma meta de longo prazo e concentre todo o seu esforço nela.

Tire um momento para pensar em qual meta é mais importante para seu sucesso no futuro. Quais objetivos terão o maior impacto favorável na sua vida nos próximos cinco anos?

Neste momento, pondere como você pode compor este objetivo de maineira a eliminar qualquer confusão e ambiguidade e também não deixe espaço para análise.

"Eu quero entrar em forma" é raramente uma meta. "Em 1º de junho de 2013, terei pelo menos o abdomem de tanquinho. Poderei correr direito por meio quilômetro sem perder o fôlego ou ficar exaurido depois."-- Isso é um alvo bem definido, quantificável que tem uma data definida, bem como lhe permite verificar seu progresso.

> 3. Particione sua meta de longo prazo em pedaços menores e factíveis

Enquanto as metas de longo prazo são as mais significativas e prazeirosas, da mesma forma elas estão longe no futuro. Consequentemente, será desafiador permanecer e preservar um estado mental concentrado em alcança-las. Um dos grandes meios de não se deixar sair dos trilhos é particionar seu objetivo de longa duração bem em propósitos de menor dimensão que tomem menos tempo para completar. Quando você se dá pequenas recompensas e pequenas sensações de realização, você se lembra de por que começou e precisará de menos força de vontade para seguir adiante.

4. Dê o primeiro passo

Escolha entre as tarefas de menor dimensão de sua estratégia de ação e também marque uma data razoável de entrega.

Depois disso, dê o primeiro passo – Apenas vá!

Então comemore... depois disso, dê o próximo passo... e também o seguinte...

Você vai ficar encantado com o quanto este momento passa voando.

CAPÍTULO CINCO
elimine a distração
ERRADIQUE AS DISTRAÇÕES PARA APRIMORAR O DESEMPENHO E O FOCO

A melhor maneira de criar foco é se livrar das distrações.

A capacidade de se concentrar está entre as habilidades da administração do tempo mais cruciais que você pode ter. Quanto melhor sua habilidade para focar-se, mais rápido você vai concluir sua tarefa. Da mesma forma, com maior ênfase, você pode cumprir sua obrigação com um grandioso típico sentido uma vez que menos tempo se desperdiça tomando conta dos erros. Se você tenciona aprimorar sua atenção, isso requer muita iniciativa, dedicação e tempo, todavia definitivamente vale muito a pena. A boa notícia é que você pode aprimorar significantemente suas chances de desenvolver o foco ao se livrar das distrações na sua vida. Distração é qualquer coisa que desvie sua atenção para longe da tarefa com a qual está lidando, mesmo que rapidamente. Foi avaliado que quando você é tirado dos trilhos, pode tomar até 23 minutos para retomar sua concentração na tarefa em que estava trabalhando. Interrupções indubitavelmente nos fazem perder longas porções de tempo diariamente. Remover estes intervalos vai certamente lhe ajudar a ficar mais concentrado e atingir resultados muito melhores.

8 ideias convincentes para remover as perturbações

As 8 miras convincentes são meios efetivos de eliminar as distrações da sua vida. Eles não são difíceis de aplicar, mas mesmo que você apenas implemente poucos deles, você verá melhoras dramáticas na qualidade, bem como na quantidade de trabalho que você cria.

1. Tenha horas de trabalho sem perturbação

Isso pode ser uma fonte significante de distração para você.

Como você impede pessoas de lhe distrair quando você está tentando trabalhar em algo vital? O que você vai descobrir é que, a não ser em caso de emergência absoluta, eles certamente estarão dispostos a perceber o problema, bem como discutí-lo com você em outro momento pré-estipulado.

2. Organize suas perturbações

Nós todos temos pequenas interrupções que a gente aprecia, por exemplo redes sociais, ouvir música, tomar um chá quente. Cada uma dessas coisas é agradável e, ainda assim, pode prejudicar nosso foco, bem como conduzir o nosso grau de desempenho a decair.

Ao invés de permitir que essas coisas nos distraiam ou nos privar das pequenas coisas que apreciamos, podemos nos recompensar estipulando certos janela de tempo para estes prazeres. Isso irá nos manter motivados a finalizar, enquanto ainda permita nos divertirmos com as coisas que gostamos.

3. Não fique cozinhando, faça algo a respeito

É da natureza humana nos concentrarmos nas coisas negativas e negligenciar as positivas. Quando alguma coisa dá errado, não importa quão pequena seja, nós temos a tendência a focar nela por longos períodos.

Determine exatamente o que você pode fazer com relação a isso. Tome ação em resolver e superar, então vá adiante com o seu dia.

Quando não há nada que você possa fazer, reconheça e deixe estar.

4. Não inicie o que não vai usar

Exatamente com que frequência você se distrai de uma tarefa essencial porque sentiu a necessidade de inspecionar suas notificações do e-mail ou do telefone.

Estas tarefas não são importantes, nem mesmo são tão urgentes. E-mails podem esperar, mensagens de texto podem esperar e notificações de mídia social definitivamente podem esperar. Na verdade, pessoas vão lhe respeitar mais se você esperar porque demonstra que você não está sempre no telefone. Faça seu melhor para estipular intervalos para mídia social e e-mail e limitar a quantidade de vezes que os verifique a cada dia. Quanto às mensagens de texto pessoais, presumindo que não sejam urgentes, são bem flexíveis e podem ser deixadas por ler por um bom período. Não se preocupe sobre não responder imediatamente.

5. Tarefa Única

Você está dividindo seu tempo entre duas ou até mais tarefas e também alternando entre elas. Cada vez que muda de tarefa, você tem que tornar a focar sua mente, o que toma tempo. Como resultado, você está deliberadamente se distraindo com as outras tarefas enquanto está focando em uma.

A tarefa única é muito mais eficiente. Escolha uma posição, o trabalho mais crucial que você pode efetuar neste momento, bem como as fontes estejam disponíveis de pronto e proporcionem foco total e sem distração naquela tarefa. Você completara a tarefa mais rápido, para um nível de exigência maior e, então, estará pronto para seguir para a próxima.

6. Persevere

Você tira um intervalo que toma mais tempo do que tinha estipulado e também, quando retorna para sua tarefa, descobre que você perdeu o ânimo e isso toma tempo para recuperá-lo. É por isso que é tão importante dividir suas tarefas em pequenas partes. Desta forma, você ainda tem uma sensação de realização e pode começar revigorado quando volta de um intervalo, ao invés de conjecturando sobre onde foi que você parou. Nosso cérebro lida melhor com as coisas em pequenos pedaços, então é mais sensato segmentar as suas tarefas de forma que você não se sinta sobrecarregado e faça intervalos desnecessariamente longos que possam matar sua fluência.

7. Desapegue

Eu gosto de me abster de todas as coisas pequenas de tempo em tempo. Eu descubro que a estratégia mais refinada para mim quando quero estudar é ir para a biblioteca local. É uma experiência profundamente serena. Mesmo que esteja barulhenta, o barulho ambiente não me distrai tanto e realizo um grande volume de trabalho.

8. Dispense as distrações regulares

Se algo for uma distração consistente e acrescente pouca valia para a sua vida, é melhor removê-lo da sua vida.

Se você tem um amigo ou parente que acrescenta pouco para a sua vida e está lhe impedindo de progredir para onde você quer chegar, está na hora de ir adiante.

Se você tem um trabalho que absolutamente odeia está lentamente tirando o tempo daquilo que você ama de verdade... bem... você provavelmente deve pensar bem nisso antes de decidir em ir adiante ou não.

Pode também ser algo interno. Se você pensa tanto no que os outros pensam sobre você ao ponto de atravancar que você faça o que mais quer, então tenha por missão remover a energia que põe nisso. Invista sua energia e esforço nas coisas que sabe que de fato lhe importam. Tome por missão não dar às pessoas este controle sobre você. Tome por missão se importar com o que realmente importa.

CAPÍTULO SEIS
MUDANDO DE HÁBITOS E ABORDANDO A VIDA

Foi Aristóteles quem disse "Nós somos o que fazemos regularmente. Excelência não é um ato, mas um hábito". Mude seus hábitos e você mudará sua vida.

VOCÊ É OS SEUS HÁBITOS

Você provavelmente ouviu dizer que seus pensamentos se tornam suas palavras, que se tornam suas ações, que se tornam seus hábitos. Provavelmente disse "é verdade, e daí?"

Um hábito é uma coisa que você faz sem pensar. Cada dia da semana você volta do trabalho para casa e joga uma pizza congelada no micro-ondas, tira uma cerveja da geladeira, senta no seu lugar favorito e liga a TV. Quando o sinal to micro-ondas toca, você pega a pizza, come e senta para assistir TV por mais algumas horas. Seu despertador toca às 5h cada manhã, você imediatamente levanta da cama escova os dentes e lava o rosto, toma um pouco d'água, põe sua roupa de correr e tênis que separou na noite anterior e se lança para uma corrida de meia hora. Estou sendo generoso em presumir que você corra meia hora a cada manhã.

A incorporação de hábitos é assim: uma vez que você começa a performar uma progressão de atividades sob premissas previsíveis, você pára de pensar nelas. Fundamentalmente, você está pronto para praticá-las no piloto automático, sem pensar ou refletir intensamente.

O ideal é que a vida seja controlada em sua maior parte por inclinações habituais, pois se tivéssemos que escolher cada comportamento conscientemente, nós provavelmente empataríamos em algum lugar entre o quarto e o banheiro na manhã enquanto estaríamos examinando nossa rotina matinal todos os dias.

Enquanto os hábitos economizam tempo em vários aspectos da vida, um recuo para um hábito é o ponto em que aquele comportamento é algo que nos fere. Independente de estarmos manipulando errado alguma substância, gastando demais ou permanecendo em um relacionamento não saudável. Hábitos podem retrair nossa capacidade de provar a felicidade.

Todos nós sabemos quais hábitos são esses. Você tem um atropelo de coisas que gostaria de remover da sua vida e provavelmente dispendia muita energia tentando.

É praticamente impossível alterar suas rotinas através da força de vontade. Isto é, você está empregando sua criatividade para ponderar sobre aquilo que você não precisa.

Não ande por aí utilizando uma foto de algo que não precisa no seu cérebro. Para este cenário, será uma barra de chocolate. Você deve fazer uma imagem psicológica razoável de algo que não precisa. Por exemplo, se você quer parecer em forma no traje fabuloso que comprou para a próxima confraternização da faculdade e quer parar de comer chocolates. Faça uma imagem mental de si com aparência fantástica e em forma no vestido ou no terno e use esta como a imagem mental em que vai prestar atenção.

O método acima se identifica em qualquer rotina que você esteja tentando modificar. Se você está em perigo de uma perda significante na área da saúde, ou seu médico lhe adverte para largar o cigarro, pare de focar na imagem de si mesmo organizado no sofá, relaxando com um cigarro em uma mão e sua bebida favorita na outra. Ao invés disso, se imagine lá fora no gramado com a sensação de vitalidade dos pulmões cheios de ar puro.

Se você está esquadrinhando isso, você tem pelo menos uma inclinação de que simplesmente precisava um pontapé inicial para a oportunidade de mudar. É essencial ponderar os três elementos que afetam sua habilidade de mudar suas rotinas:

1.   Crise causa mudança

Seria uma genuína calamidade perceber subitamente que as coisas não podem prosseguir do jeito que estão. Em momentos de emergência, tempos uma chance de mudar de rumo dramaticamente conforme procuramos por um novo sentido. Felicidade vem dos bons momentos, força vem dos maus momentos. É geralmente nossa mais profunda dor que nos conduz ao mais elevado potencial.

2. Novo círculo social

Somos como são nossos amigos. Quando você faz uma nova amizade, aprende novos hábitos. Quando você observa seus amigos, que tipo de hábitos eles refletem? Se não são os hábitos de que você precisa na vida, pode ser uma oportunidade ideal para mudar de círculo.

3. Crença

Fnalmente, a Crença é um segmento vital para desencadear aprimoramentos. Mudar de hábitos requer um salto ao desconhecido. Onde esta fé na mudança se origina e a razão lógica resiste, todavia, é o ingrediente fundamental da realização. Estas três variáveis se inter-relacionam. Por exemplo, presuma que você precisa começar um novo negócio. Todavia, você está preso trabalhando em um escritório e não tem uma oportunidade de acomodar seu empreendimento. Um dia sua organização faz cortes e você tem uma crise financeira e pessoal. Você tem a chance de criar aprimoramento conforme pensa na sua vida e toma percepção do que precisa na sua vida: seu próprio empreendimento. Da mesma forma, você precisa de outro círculo de amigos, como os antigos não mais estão no entorno. Com sorte, você será capaz de estar rodeado por amigos apoiadores ou de encontrar um grupo na internet que respalde suas ideias. Seu novo círculo e novo conhecimento adquiridos da crise alicerçam sua crença de que você pode criar seu próprio negócio.

PENSAMENTOS FINAIS

Os fatores da crise, rede de contatos e expectativas são ingredientes essenciais para a mudança. Enquanto muitas pessoas fazem planos para mudar de hábitos, poucos implementam estas mudanças. Ponderar sobre estes fatores pode lhe ajudar a planejar o sucesso para seu futuro.

E, por fim, obrigado por ler. Se você gostou deste livro, por favor deixe uma resenha no Amazon para que outros que estejam lutando para mudar também possam encontrar o livro. Se você tem perguntas ou comentários, esteja à vontade para escrever para mim no Instagram @mynametrong. E se você me enviar uma foto de tela da sua resenha pelo Instagram, eu também vou lhe seguir e podemos ser grandes amigos

Parte 2

Introdução

Eu quero agradecê-lo e felicitá-lo por baixar o livro.

Este livro contém passos e estratégias comprovadas sobre como criar uma poderosa e imbatível autodisciplina. Uma das coisas que muitas pessoas querem saber é o que separa as pessoas mais bem-sucedidas das outras. Tiveram mais oportunidades? Tiveram mais recursos para trabalhar? Simplesmente o que possibilita pessoas bem-sucedidas a conquistar seus sonhos e objetivos? Embora alguns deles realmente tiveram mais oportunidades e recursos do que outras pessoas, a maioria deles, não. Em vez disso, a única coisa que possibilita pessoas se tornarem bem-sucedidas, independentemente de oportunidade ou recursos, é autodisciplina. Muitas das pessoas mais bem-sucedidas no mundo hoje devem seu sucesso à disciplina que aplicaram às suas mentes, suas ações e inclusive sua imaginação. Este livro revelará sete dos mais comprovados métodos para atingir a autodisciplina necessária a fim de conquistar qualquer objetivo ou tornar qualquer sonho em realidade. Umavez que tenha lido este livro nada poderá impedi-lo de alcançar qualquer nível de sucesso que imaginar!

Obrigado novamente por baixar este livro, espero que goste!

Capítulo 1: Tenha Metas Claras

Muitas pessoas associam autodisciplina às decisões que uma pessoa toma e às ações que elas desempenham. Embora isto seja uma grande parte do processo, a verdade é que autodisciplina começa no seu próprio nível de imaginação. A visão ou sonho que tiver em mente deve ser simplesmente tão disciplinada quanto as decisões que tomar e as atitudes que tomas a fim de alcançar aquela visão ou sonho. Portanto, o mero primeiro passo para atingir autodisciplina é ter metas claras. Somente quando tiver metas claras você poderá saber exatamente qual é o caminho a seguir a fim de atingir tais metas. Quando suas metas não estão formadas ou claras de alguma forma, então fica quase impossível de saber por onde começar para tornar estas metas em realidade.

A fim de entender completamente o sentido de ter metas claras, pense no caso de fazer compras. Se a única decisão que tiver é fazer compras, então não há orientação real quanto onde as compras devem ser feitas. O que realmente quer comprar? Até responder esta pergunta, você não saberá sequer à qual loja ir. No final das contas, ir ao shopping mais próximo pode parecer uma grande ideia, mas se estiver comprando um caro usado ou uma dúzia de ovos, o shopping mais próximo é o último lugar que precisa estar. Este é o problema de não ter metas claras. Se manter suas metas indefinidas ou ambíguas então ficará indefinidamente mais difícil de tomar os passos necessários para concretizá-las.

Alternativamente, se decidir que quer comprar uma cama nova, então as opções para você ficam menores e mais fáceis de decidir. Agora, em vez de perder tempo em lojas que não têm o que você precisa, você pode dirigir-se a lojas específicas que você sabe que vendem camas. Isto não apenas poupa seu tempo e energia que seriam desperdiçados com metas indefinidas, também permite que gaste seu tempo mais produtivamente. Saber a quais lojas ir permite que compre pelo melhor preço e melhor qualidade disponíveis. Isto aumenta não apenas suas chances de êxito no seu objetivo geral, também aumenta o nível de êxito que pode atingir. Isto é crucial para qualquer pessoa que quiser alcançar algum nível de sucesso relevante na vida.

Este cenário pode ocorrer em qualquer área na vida. Se uma pessoa decide cursar uma faculdade então qualquer faculdade pode ser uma opção, causando o problema de ter opções de mais e pouca direção. Contudo, quando decide que quer cursar direito, então o número de escolhas é reduzido e a direção é estabelecida. O mesmo se aplica ao procurar emprego. Com muita frequência, pessoas falam que querem encontrar um emprego melhor do que atualmente têm. O problema com isto é que não há direção real, e todas as opções são iguais. Somente quando decidir os detalhes do emprego que quer você poderá procurar nos lugares certos e estabelecer o caminho que o levará ao sucesso.

Portanto, antes de começar a planejar sua primeira decisão ou atitude, você precisa de tempo e esforço para criar uma imagem clara do objetivo que quer atingir. Gastar um pouco mais de tempo extra nesta fase garantirá que seu tempo e esforços não serão desperdiçados mais adiante. Ao invés de perambular sem rumo, você pode escolher opções específicas, garantindo-lhe as melhores chances de sucesso bem como o maior nível de sucesso possível. Isto também impede a imensa sensação de indecisão que você tem quando tem muitas alternativas para escolher. Ter metas claras, portanto, é a pedra fundamental para autodisciplina e estabelecer um planejamento geral para o sucesso.

Capítulo 2: Crie uma Mentalidade Positiva

Uma vez que tiver um objetivo claro em mente, a próxima coisa a fazer é criar uma mentalidade positiva. Da mesma forma que metas ambíguas impedem muitas pessoas de, algum dia, atingir seus objetivos ou sonhos, assim também, pensamentos e emoções negativas impedem inúmeras pessoas de algum dia tornar suas esperanças em realidade. Dúvida, medo ou fracasso e uma sensação geral de inadequação podem sem absolutamente catastróficos para qualquer um que queira buscar algum nível de sucesso na vida. Somente quando estas emoções negativas são efetivamente encaradas e superadas pode uma pessoa ter alguma chance de concretizar seus sonhos. É por esta razão que criar uma mentalidade positiva tem de ser a próxima coisa se atentar quando você tiver estabelecido um objetivo claro que queira atingir. Todas outras medidas serão de pouco a nenhum valor se você estiver carregando dúvida ou incerteza em seu coração e em sua mente.

A primeira coisa que você deve fazer ao criar uma mentalidade positiva é reconhecer as emoções e os pensamentos negativos que existem atualmente. Se eles permanecerem escondidos, eles terão a possibilidade de aparecer inesperadamente, a qualquer momento, tornando sua jornada muito mais difícil. Portanto, é crucial que você tenha tempo de sentar e sinceramente avaliar seu ânimo como um todo. Identifique e aceite quaisquer emoções e pensamentos negativos que possa ter e até os anote. Não lute contra eles como poderia ser instigado a fazer, em vez disso, simplesmente observe-os e tome nota deles. Isto não se refere a criar conflitos internos, em vez disto, refere-se a analisar sua mente da mesma forma que você analisaria seu guarda-roupa ou seus armários.

Uma vez que tenha analisado as emoções negativasem sua mente o próximo passo e tentar entender sua origem. Se, por exemplo, você tiver um significante receio de fracassar, então pergunte a si mesmo de onde este receio de fracassar vem. Se for por causa de fracassos passados então o que deve fazer é decidir libertar-se do passado e simplesmente focar no objetivo atual que estabeleceu a si próprio. Na verdade, você pode usar aqueles fracassos passados como motivação. Diga a si mesmo que é mais importante ter êxito agora a fim de esquecer aqueles fracassos passados de uma vez por todas. Trate sua meta atual como uma chance de se redefinir pelo sucesso ao invés do fracasso.

O próximo passo é analisar as emoções e pensamentos positivos que tem em sua mente. Afinal, identificar e remover a negatividade é apenas metade da equação. A outra metade é identificar aqueles pensamentos e emoções que o ajudarão na sua busca pelo sucesso. Se tiver otimismo, coragem, inteligência e até um bom senso de humor você poderá listá-los como emoções que o ajudarão na sua jornada. Foque em suas forças e use-as o tanto quanto quiser. Inteligência permitirá que saiba lidar com uma situação, coragem o ajudará a correr riscos e um bom senso de humor o ajudará a rir de quaisquer erros que cometa. Identificar suas forças o ajudará a ter seu melhor desempenho em qualquer momento, tornando sua jornada ao sucesso muito mais fácil.

Uma outra maneira de criar uma mentalidade positiva é dedicar tempo para refletir sobre coisas que conquistou no passado. As possibilidades são de que você tenha tido um número razoável de vitórias na vida, grandes ou pequenas. Recordar estas vitórias contribuirá muito para criar um sentimento de autoconfiança, que lhe dará energia e determinação extras para sua jornada. Pense em autoconfiança como pão e água para sua mente Sua jornada ao sucesso pode ser longa e árdua, exigindo muita energia ao longo do caminho. Quanto mais confiante estiver, mais energia terá, da mesma forma que levar comida e água numa longa caminhada dará ao caminhante muita energia para chegar ao seu destino.

Capítulo 3: Organize seu Ambiente

Da mesma forma que metas indefinidas podem minar as chances de sucesso de uma pessoa, assim também pode um ambiente "ïndefinido" fazer o mesmo. Desordem, caos e confusão são arqui-inimigos do sucesso em qualquer área da vida. Nenhuma pessoa bem-sucedida foi alguma vez desorganizada em sua vida. Portanto, uma vez que tenha estabelecido uma meta clara e criado uma mentalidade positiva o próximo passo em direção à autodisciplina e à conquista de seu objetivo é organizar seu ambiente. Isto pode incluir coisas como limpar o lugar onde trabalha, mas inclui também muitas coisas mais, tanto de natureza física como abstrata. Organização, portanto, é ainda um outro exemplo de como a autodisciplina acontece interna e externamente.

Por onde começar a se organizar é totalmente com você. Não há um lugar realmente certo ou errado para começar. O importante para entender é que organização tem uma maneira de afetar todas as partes de sua vida. Em outras palavras, se começar a organizar seu ambiente arrumando seu lugar de trabalho, vai descobrir que pode começar a arrumar sua mente no processo. Alternativamente, se começar a arrumar sua mente você descobrirá que você se torna mais organizado em seu ambiente físico como resultado. Assim, por onde começar não é importante. O que é importante é você realmente começar e que você trate o processo de organizar seu ambiente tão séria e criticamente quanto qualquer outro aspecto de desenvolvimento de autodisciplina.

Quando chega a hora de organizar seu espaço físico a primeira coisa que precisa fazer é se livrar da bagunça. Existem muitos tipos de bagunça, assim não pense que bagunça é apenas um outro nome para lixo. Não é preciso dizer, lixo é a primeira bagunça que deve eliminar. Tem sido demonstrado que ter lixo em ambiente é uma fonte de estresse e desconforto geral. Limpar seu ambiente reduzirá este estresse e ajudará a criar um estado mental mais sadio e feliz.

O segundo tipo de bagunça é ter qualquer coisa desnecessária para a tarefa iminente. Com frequência, um local de trabalho terá todos tipos de coisas que parecem úteis, mas no final muitas delas estão apenas ocupando espaço. Decida o que precisa para a tarefa que está fazendo e livre-se do resto . Mesmo que que simplesmente ponha tudo mais numa caixa e a coloque fora de vista é o bastante. Isto não significa jogar coisas fora tanto quanto fazer seu espaço mais manejável e eficaz.

Próximo, livre-se de qualquer coisa que seja apenas distração. Qualquer coisa que possa ser um brinquedo, jogo ou outra forma de distração deve ser removida de sua área de trabalho. Isto o ajudará a ficar focado na tarefa iminente e ajudará a certificar-se de que suas energias estão sendo mais usadas para atingir seu objetivo do que sendo desperdiçadas com distrações ou coisas assim.

Como mencionado antes, organização pode ser tanto interna quanto externa. Portanto, é igualmente importante executar as mesmas formas de organização tanto para sua mente como para seu ambiente de trabalho. Dedique tempo para se livrar de pensamentos que não são importantes ou distrações. Pensar no que quer para o almoço deve ocorrer quando for almoçar, não antes. Quanto mais pensar no almoço durante o trabalho menos estará focado na tarefa imediata que foco é crucial para qualquer sucesso então distrações precisam ser eliminadas.

Multitarefa é uma outra forma de desorganização que precisa ser remediada. Embora a ideia de multitarefa pareça boa em teoria, ela tem se mostrado contraintuitiva para produtividade geral. Ao invés de dividir sua atenção e focar em executar várias tarefas, escolha uma tarefa e foque toda sua atenção e foque nisso. Fazer uma tarefa a cada vez ajuda sua mente a ficar organizada, da mesma forma que fazer uma coisa a cada vez ajudará seu ambiente de trabalho a ficar mais organizado.

Adicionalmente, focar energia e esforço numa única tarefa tem demonstrado produzir melhores resultados de forma geral. Quando você põe todos seus esforços numa única tarefa você executará esta tarefa melhor do que quando divide seus esforços entre muitas tarefas. Erros são reduzidos, tarefas são completadas mais rapidamente e o nível geral de sucesso é maior quando tarefas são executadas uma de cada vez.

Capítulo 4: Estabeleça uma Rotina

Além de organizar seu ambiente e sua mente você também precisa tomar medidas para organizar seu tempo. Estudo após estudo tem provado que quanto mais organizado é o tempo de uma pessoa, mais bem-sucedida ela será. Isto faz sentido quando você pensa nos benefícios de organizar sua mente e espaço com um todo. Da mesma forma que uma mente desorganizada pode retardar produtividade e reduzir eficácia de esforços, assim também, uma agenda desorganizada pode roubar-lhe tempo crucial que poderia ser usado mais efetivamente a fim de obter melhores resultados. Portanto, uma vez que tenha organizado sua mente e espaço o próximo passo é organizar seu tempo. Isto é obtido de maneira mais eficaz ao estabelecer uma rotina diária.

Não é coincidência que atletas, oficiais militares e outras pessoas em meios altamente disciplinados seguem uma rigorosa rotina diária. Altas demandas e expectativas são impostas a estas pessoas. Portanto, é vital que usem seu tempo de maneira mais sensata possível a fim de cumprir o que se espera delas. Nenhum atleta de sucesso faltou a um treino por ter perdido a hora. Ou um bem-sucedido empresário faltou a uma reunião por estar ocupado com outras tarefas. Em vez disso, pessoas bem-sucedidas organizam seu dia a fim de estar focadas em tarefas imediatas independentemente de serem grandes ou pequenas.

O primeiro passo para estabelecer uma rotina é determinar suas prioridades. Às atividades que são mais importantes a você deve ser dado o melhor horário para serem executadas. Isto é particularmente válido para atividades como exercícios, meditação e outras atividades que não pareçam vantajosas. Com muita frequência, priorizamos atividades com base em seu valor financeiro, deixando atividades não remuneradas para algum tempo livre, se ao menos deixamos. Isto é, na verdade, a forma inversa de como o tempo deveria ser dividido. Quando as pessoas passam tempo meditando, se exercitando ou fazendo atividades que as deixam mais felizes e fortes, elas têm melhor desempenho em outras atividades. Portanto, priorize suas atividades pela importância, não por outra medida.

Depois, organize sua agenda de maneira a combinar atividades agradáveis com atividades mais indesejáveis que tenha de fazer diariamente. A verdade é que todos tem de fazer coisas que necessariamente não gostam. Ao invés de ignorá-las ou simplesmente obrigar-se a fazê-las, junte-as com atividades que anseie fazer. Se gosta de malhar então treine depois de fazer algo que não goste. Isto lhe dará incentivo para encarar tarefas sem graça a fim de chegar ao que gosta. É como fazer uma criança comer vegetais para ganhar sobremesa!

Uma outra peça chave para formar uma rotina é escolher os melhores horários para diferentes tarefas. É importante reconhecer que seu nível de energia varia durante o dia, portanto uma certa hora não é a mesma em termos de capacidade de fazer coisas. Reserve tempo para determinar quais horários são melhores para suas atividades. Isto aumentará sua eficiência e possibilitará que desempenhe tais atividades quando estiver melhor preparado. Meditação é um exemplo perfeito disto. Se perceber que o início da manhã é o melhor horário para meditar, então marque no despertador um horário que permita esta tarefa. Se, contudo, decidir que o fim da noite é o melhor horário, então reserve um momento específico a cada noite que possibilite que medite adequadamente. Estabelecer este tipo de rotina lhe dará mais propósito todo dia, bem como aumentará os resultados de seus esforços.

Finalmente, certifique-se de reservar tempo para relaxar no fim do dia. Com muita frequência pessoas focam-se apenas em formar uma rotina em torno de atividades que têm de fazer. É igualmente importante que cria sua rotina em torno de coisas que o ajudem a relaxar e restaurar sua energia. Dormir o suficiente a cada noite é tão importante quanto acordar na hora certa para ir para o trabalho. Portanto, certifique-se de encerrar suas atividades a tempo de poder dormir na hora certa. Além disso, é vital que você dê a si mesmo tempo livre diariamente a fim de espairecer. Dar a si mesmo uns sólidos 30 ou 60 minutos de noite para jogar, ver tv sem noção ou fazer qualquer coisa igualmente sem importância irá impedir que fique cansado ou sentir-se culpado por gastar tempo com atividades sem importância. Só trabalho sem diversão nunca é bom.

Capítulo 5: Desenvolva Hábitos Positivos

Quando ouve a palavra "hábito" você frequentemente pensa em atitudes como fumar, roer as unhas ou qualquer outra atitude que é considerada um mau hábito. A verdade é que hábitos não têm de ser maus em essência. Qualquer comportamento que é repetido o suficiente para que você o pratique sem pensar é um hábito. Portanto, bons comportamentos podem tornar-se hábitos tanto quanto qualquer mau hábito. Escovar os dentes à noite é um exemplo. A possibilidade é que você nem pense no processo, você simplesmente escova os dentes sem pensar. Ao criar o hábito de escovar seus dentes você melhora sua saúde e o bem-estar de seus dentes, significando que você tem uma vida mais saudável no geral. Assim como o hábito de escovar os dentes pode melhorar sua vida, criar outros hábitos positivos, também podem, continuamente, a melhorar seu bem-estar físico, seu estado de espírito e suas chances de sucesso em qualquer empreitada que tente, de maneira geral.

Um dos hábitos mais cruciais a criar a fim de aumentar o sucesso na vida é sempre terminar as tarefas que começar. Com muita frequência pessoas deixam tarefas incompletas a fim de começar outra coisa. Às vezes esta outra coisa pode parecer mais importante, e, portanto, merecer atenção imediata. Contudo, com mais frequência do que deveria, o que a pessoa escolher fazer ao invés de terminar o que está fazendo é simplesmente mais interessante. Sentir-se seduzido a deixar um projeto comum ou chato a fim de fazer algo mais divertido é algo do que todos nós somos culpados uma vez ou outra. Afinal, desejo por diversão é simplesmente da natureza humana. O lado negativo deste comportamento é que na maioria das vezes a tarefa que foi deixada fica consideravelmente atrasada ou, até pior, nunca é completada de jeito algum. Isto é um grande obstáculo para qualquer um que queira ser realmente bem-sucedido na vida.

Ao contrário, as pessoas mais bem-sucedidas sempre terminam tarefas que começam. A única razão pela qual deixam tarefas incompletas é quando algo absolutamente crítico, que não pode esperar para ser tratado, aparece. Mesmo assim, em tal situação a pessoa envolvida determinará que voltará à tarefa incompleta assim que possível . A importância de terminar o que começar não pode ser exagerada. O maior benefício é que ela gera uma sensação maior de realização. Ao invés de ter inúmeras tarefas incompletas para lidar você tem uma lista de coisas que foram feitas e chega da infame lista "a fazer". Um outro grande benefício de sempre terminar o que começar é que você terá uma maior sensação de confiança quando iniciar novos projetos. Quando souber que tem a habilidade e autodisciplina para terminar qualquer coisa que começar, você enfrentará projetos com maior coragem e determinação . Não é necessário dizer, estas são qualidades que são cruciais para qualquer um que queira atingir sucesso na vida.

Um outro hábito importante para criar é fazer as coisas de imediato. Procrastinaçãoé o arqui-inimigo do sucesso. Quando deixa coisas para fazer depois, você cria um monte de tarefas que se torna impossível de lidar. Qualquer pessoa bem-sucedida lhe dirá que fazer as coisas imediatamente é o único caminho a seguir. Portanto, um bomhábito a criar é fazer as tarefas de imediato. Desnecessário dizer que isto não significa que você não deva priorizar tarefas, escolhendo as mais importantes para fazer primeiro. Pelo contrário, isto significa que você não deve preferir sentar-se no sofá ao invés de fazer uma tarefa que simplesmente não queira. Com frequência, as tarefas que não queremos fazer acabam dando mais proveitos quando são completadas. Se não for o bastante, esta deve ser a razão o suficiente de nunca adiar tarefas que podem ser feitas de imediato. Contudo, comomencionado anteriormente, adiar tarefas significa apenas que você terá mais e mais tarefas para fazer depois, e elas não serão mais divertidas no futuro do que são no aqui e agora!

Capítulo 6: Fique Motivado

Se alguma vez olhar para pessoas bem-sucedidas, a primeira coisa que notará é o nível de energia que elas têm. Elas estão sempre vibrantes e entusiasmadas, mesmo com as coisas mais comuns. Você nunca verá uma pessoa bem-sucedida com baixa energia ou constantemente deprimida. A simples razão disto é que pessoas bem-sucedidas estão sempre motivadas. Elas têm um insaciável desejo de ver onde ideias levarão, significando que estão sempre ansiosas para tentar coisas novas. Além disso, elas sempre querem testar seus limites, assim vendo quais novas habilidades podem descobrir ou desenvolver em si mesmas. Estas características são o que impulsiona pessoas aos mais altos níveis de sucesso em cada aspecto da vida. Portanto, é absolutamente crucial ficar motivado uma vez que partiu na jornada para atingir seus objetivos e ambições. No final, a jornada para o sucesso pode ser longa, exigindo muito compromisso pelo caminho.

Somente quando você fica motivado você terá certeza de suportar a jornada, alcançando o prêmio que o espera no outro lado.

Uma das melhores maneiras de ficar motivado enquanto busca seus sonhos é manter o objetivo atual em vista. Com frequência pessoas ficam presas na própria jornada, perdendo de vista a razão pela qual estão se esforçando antes de tudo. Isto as faz desistir da jornada quando as coisas ficam difíceis demais. Contudo, quando você fixa sua mente no destino ao qual está se dirigindo então, todo esforço se torna digno. O melhor exemplo disto é a jornada de um atleta Olímpico. Os treinos e sacrifícios exigidos para uma tornar-se um atleta Olímpico são desmedidos. É por esta razão que tão poucas pessoas atingem esse objetivo. Contudo, quando você vê uma pessoa treinando incansavelmente e desistindo de prazeres da vida que o resto de nós tomamos como certos, você percebe que elas têm em vista seu prêmio. Invariavelmente, quando as perguntam como conseguem superar as exigências a fim de realizar seu sonho, elas sempre dizem que elas nunca deixaram de sonhar com a chance de ficar no pódio e receber sua medalha. Portanto, sempre tenha uma clara visão do objetivo que está buscando. Isto o permitirá suportar toda dificuldade, sacrifício e revés pelo caminho.

Uma outra maneira de manter-se motivado ao longo do caminho ao sucesso é cercar-se de pessoas positivas . Com frequência uma pessoa pode ser desencorajada de buscar seus sonhos por aqueles que não têm ambições em suas próprias vidas. Quando pessoas falam sobre fracasso e decepção pode ter um efeito intensamente negativo nas mentes das pessoas com quem estão falando. Afinal, se você só ouvir pessoas falando com falharam ao atingir seus objetivos ou realizar seus sonhos o processo em si mesmo parece impossível, não importa se o objetivo ou sonho realmente é. Alternativamente, quando você cerca-se de pessoas positivas o efeito oposto ocorre. Em vez de ouvir histórias de fracasso e decepção você ouve histórias de sucesso e realização. Após algum tempo a energia e confiança que compõem estas histórias começam a preencher seu próprio coração. Isto lhe dá a motivação de buscar seus sonhos e fazer o que for preciso para cruzar a notória linha de chegada. Portanto, uma das mais certas maneiras de ficar motivado em sua jornada ao sucesso é cercar-se de pessoas positivas, bem-sucedidas que o ajudarão a restaurar suas energias durante os momentos mais desafiadores.

Com frequência atletas Olímpicos, quando entrevistados, afirmarão que o que os manteve durante adversidades ao longo do caminho foi o amor e apoio de família e amigos. Istoé outro fator decisivo para manter-se motivado. Assim como cercar-se de pessoas bem-sucedidas é importante, cercar-se de amor e apoio, também é igualmente vital . Quando você tem pessoas que o ajudam a erguer-se após um revés, pode fazer toda a diferença no mundo. Às vezes é a sensação de estar só em sua jornada que faz a jornada parecer tão desanimadora de tempos em tempos. Contudo, aqueles que suportam os maiores desafios são aqueles que não estão só. Portanto, tenha certeza de rodear-se de pessoas que o amarão e o apoiarão nos momentos mais difíceis. Isto o ajudará a ficar motivado e ser capaz de sobreviver a todo e qualquer revés que possa passar pelo seu caminho.

Capítulo 7: Aceite Falhas

Até aqui este livro revelou como metas confusas, mentalidades negativas, desorganização e falta de motivação podem ficar entre uma pessoa e o sucesso que ela quer atingir. Contudo, nada disto é a maior ameaça para o sucesso de uma pessoa. A maior ameaça ao sucesso é, de longe, o próprio fracasso. Isto pode parecer ridículo de dizer, a princípio. Afinal, fracasso é o oposto do sucesso, então claro, ele seria o maior obstáculo ao sucesso. Contudo, a questão aqui é que mesmo os menores fracassos podem levar uma pessoa a abandonar sua jornada completamente, fazendo-as desistir antes de chegar ao fim de seu caminho. Em resumo, enquanto o medo do fracasso pode levar uma pessoa a nunca iniciar uma jornada, a experiência do fracasso pode levá-la a nunca completar uma jornada. É crucial, portanto, aprender a não evitar o fracasso, mas como aceitá-lo. Somente aceitando o fracasso você poderá perseverar e atingir seus objetivos independentemente de contratempos ao longo do caminho.

A primeira coisa a perceber com o fracasso é que ele afeta todos . Mesmo as pessoas mais bem-sucedidas no planeta experienciam fracassos ao buscar seus sonhos. A diferença é como elas respondem ao fracasso. Enquanto a maioria das pessoas veem o fracasso como um sinal de que seu objetivo está fora de alcance, de que elas não são boas o bastante, ou algum outro sinal negativo, pessoas bem-sucedidas veem o fracasso como uma lição. Thomas Edison pode fornecer o melhor exemplo para este conceito. Edison talvez é mais conhecido por ter inventado a lâmpada, que desde então revolucionou a sociedade moderna em todo o mundo. Contudo, um fato pouco conhecido é que ele verdadeiramente tentou milhares de métodos diferentes antes de encontrar o que realmente funcionou. Em uma entrevista perguntaram-lhe como ele conseguiu superar milhares de fracassos. Ele respondeu que não havia falhado, em vez disso, ele simplesmente descobriu milhares de maneiras de como não fazer uma lâmpada. Isto é a personificação de como aceitar fracassos. Ao invés de desistir depois de dúzias ou até mesmo centenas de tentativas fracassadas, Edison aceitou cada dificuldade como uma lição sobre o que não funciona. Ao final, cada lição reduziu sua pesquisa ao ponto onde ele descobriu um método que realmente funcionou. Seu nome ficou famoso desde então.

Aprender a ver fracassos como lições em vez de inimigos é um dos mais valiosos instrumentos que as pessoas mais bem-sucedidas têm em sua coleção. Ao invés de ver dificuldades como uma derrota pessoal, pessoas bem-sucedidas as veem como indícios daquilo que não funciona. O principal é nunca tomar uma dificuldade ou falha como um dano pessoal. Simplesmente aceite que suas ideias precisam ser retrabalhadas, e seu plano precisa ser revisto. Nenhuma dificuldade é digna de fazê-lo desistir de seus sonhos. Se pessoas bem-sucedidas tomassem suas falhas como algo pessoal, elas jamais teriam atingido o sucesso que as define. Os maiores empresários eram quase sempre paupérrimos em alguns momentos ao longo do caminho de seu sucesso. Os maiores generais sofreram humilhantes derrotas de tempos em tempos. No final, o que separa uma pessoa bem-sucedida de uma fracassada é como ela superou suas falhas e aprendeu as lições que elas ofereceram.

Conclusão

Espero que este livro tenha sido capaz de ajudá-lo a criar a autodisciplina que você precisa a fim de atingir qualquer objetivo que seu coração e mente desejam. Ao estabelecer metas claras você pode escolher o caminho certo para chegar ao resultado desejado. Criar uma mentalidade positiva lhe dará a energia que precisa para tornar seus sonhos em realidade. Organizar seu tempo e ambiente aumentará os resultados de suas ações, permitindo-lhe atingir níveis ainda mais altos de sucesso. Finalmente, ficar motivado e aprender a aceitar fracassos garantirá que você fique no seu caminho ao sucesso, mesmo quando as coisas pareçam estar se voltando contra você. No fim, a única coisa que separa pessoas bem-sucedidas do resto é que elas ficaram em seu caminho até o fim. Ao praticar os princípios apresentados neste livro você poderá ficar no seu caminho até o fim, onde o sucesso que deseja e merece está lá a sua espera!

Muito obrigado!

www.ingramcontent.com/pod-product-compliance
Lightning Source LLC
Chambersburg PA
CBHW071243020426
42333CB00015B/1601